Mein Winter-Ausschneidebuch

Dieses Buch gehört:

....

Anleitung

1 Male die Motive an.

2 Schneide die Seite mit einer Schere heraus.

3 Schneide anschließend die Motive aus. Achten dabei auf die Sicherheit.

4 Klebe die ausgeschnittenen Seiten ein.

5 Überreiche den Scherenführerschein.

Hallo, schön dich zu sehen.
Hast du lust auf ein mal, schneide und kleb Abenteuer?

Das wird bestimmt viel Spaß machen.

Kritik, Berichtigungen, Anregungen und Verbesserungsvorschläge für die nächste Auflage nehmen wir sehr gerne entgegen. Die E-Mail-Adresse lautet: support@tobias-unger.com

Vielen Dank, dass Sie sich für unser Buch entschieden haben!

Wir gaben uns viel Mühe für Sie, ein sehr gutes Buch zu entwerfen. Wenn Ihnen das Buch gefallen und geholfen hat, würden wir uns sehr über eine positive Bewertung auf Amazon freuen.

Über diesen QR-Code gelangen Sie direkt zur Rezensionsseite:

Kritik, Feedback, Fragen, Hinweise auf Fehler und Anregungen für die nächste Auflage dieses Buches nehmen wir gerne per Mail entgegen. Unsere E-Mail-Adresse lautet: support@tobias-unger.com.

Lass uns zusammen üben.

Lass uns die Linie ausschneiden.

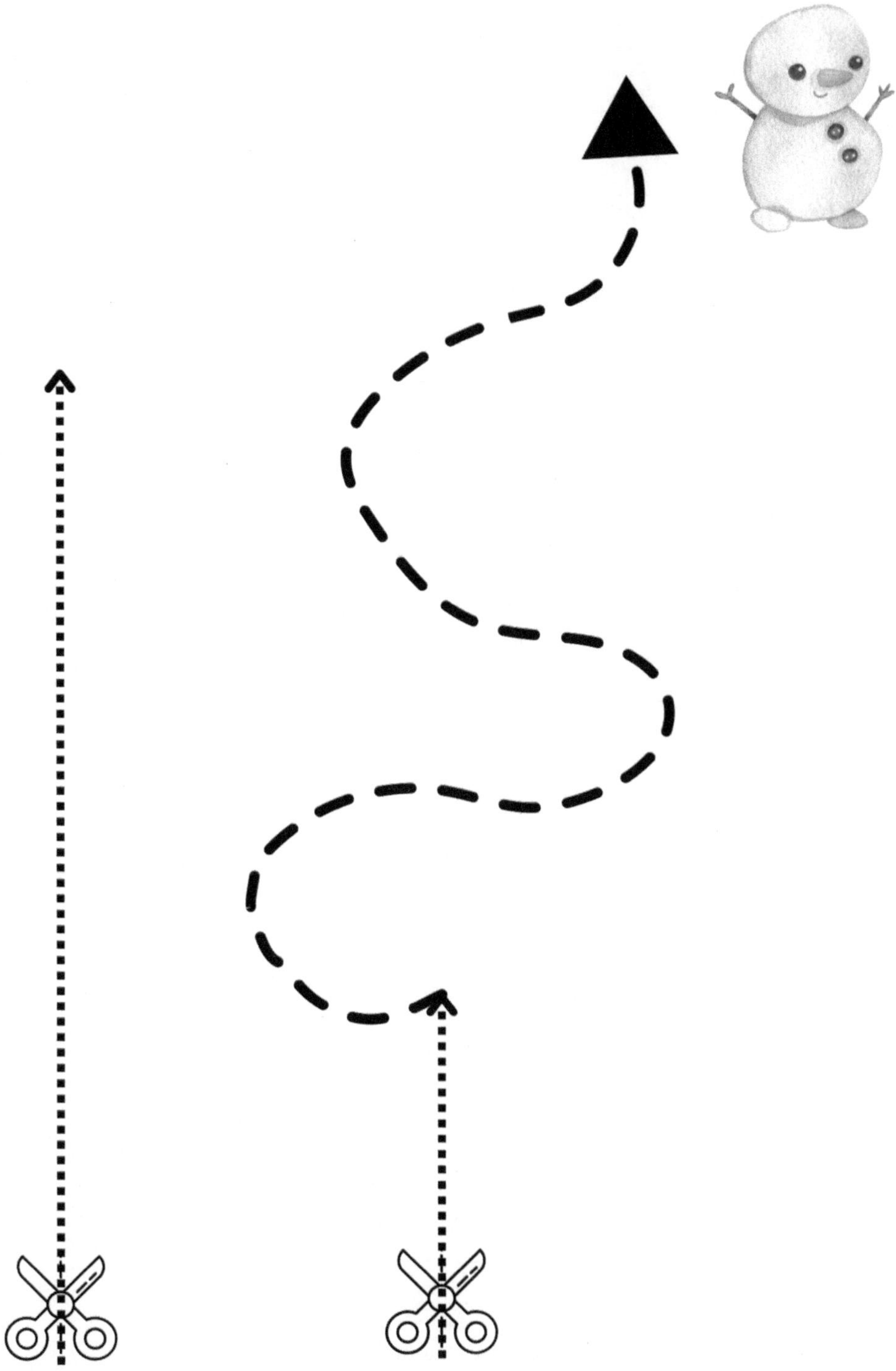

Lass uns den Pinguin ausschneiden.

Lass uns den Schuh ausschneiden.

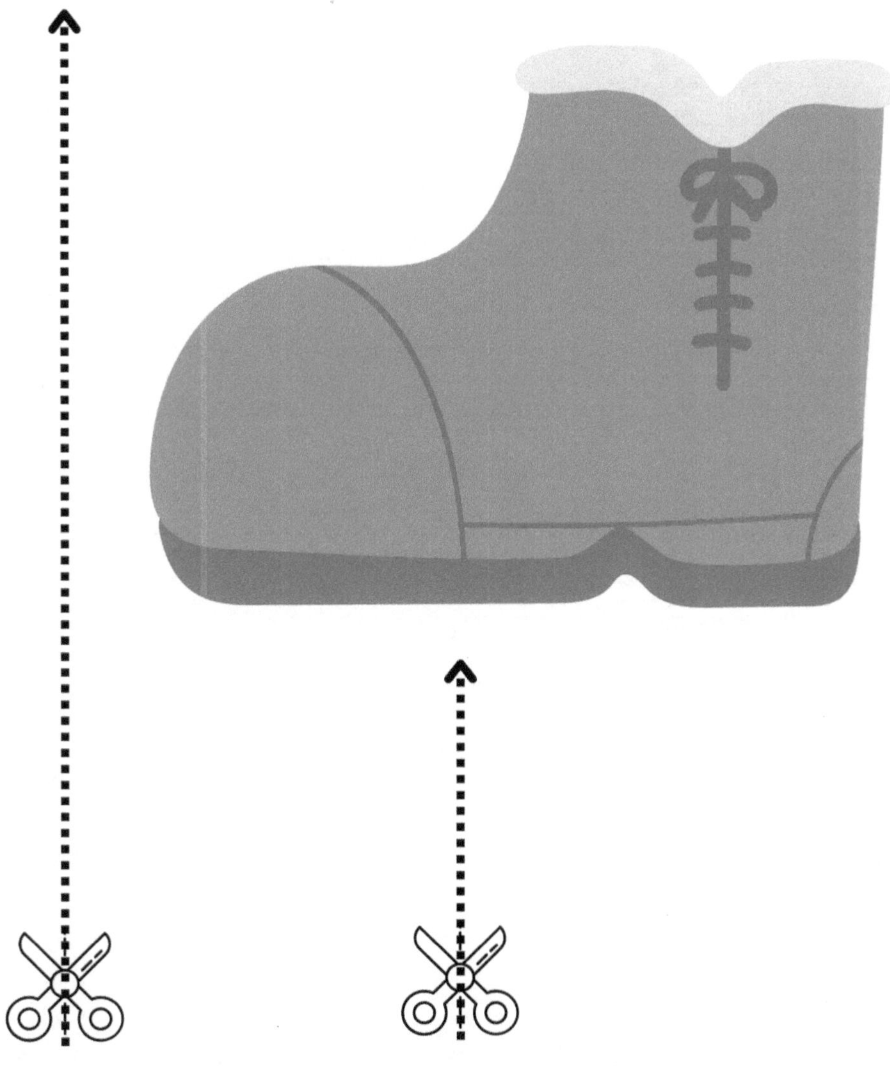

Lass uns das Haus ausschneiden.

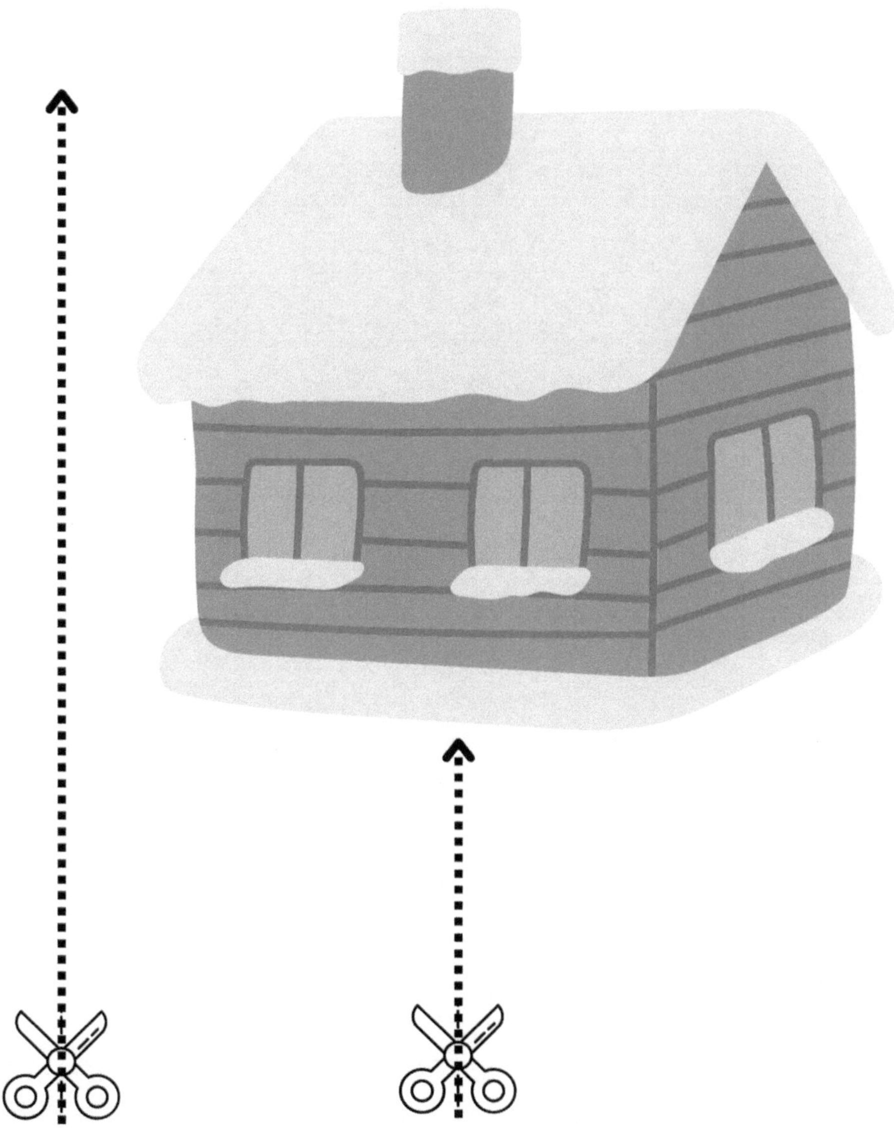

Lass uns den Schlitten ausschneiden.

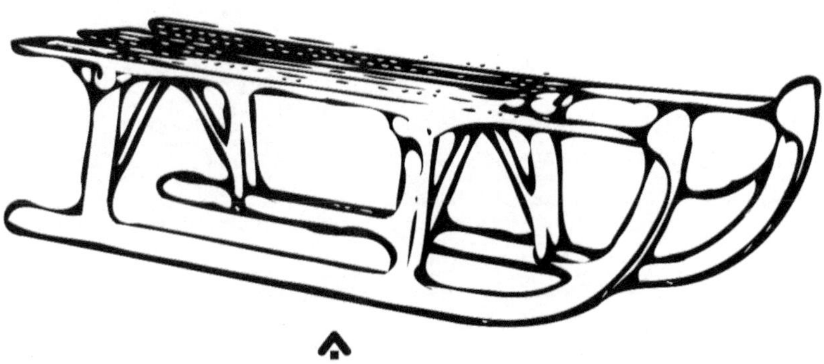

Lass uns den Pinguin ausschneiden.

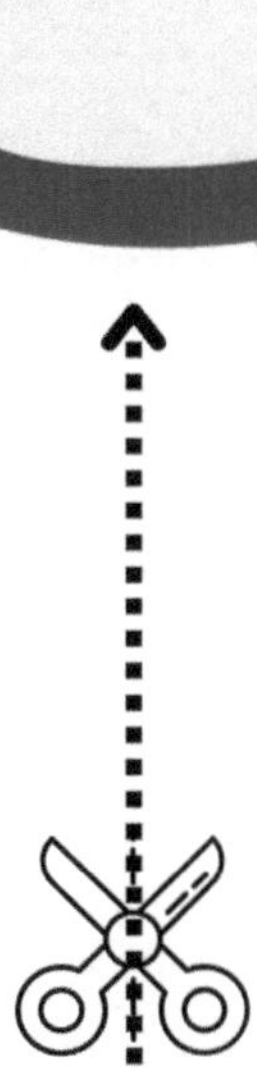

Lass uns den Fuchs ausschneiden.

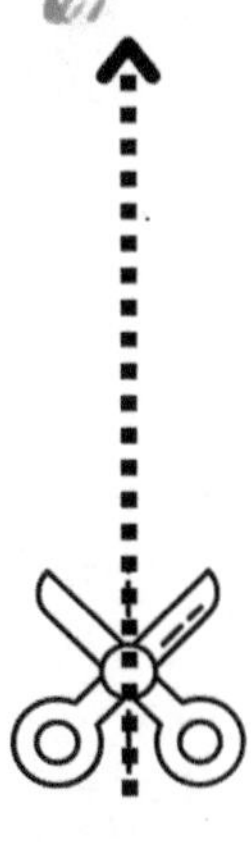

Lass uns den Schlittschuh ausschneiden.

Lass uns die Eisläuferin ausschneiden.

Lass uns die Kugel ausschneiden.

Lass uns die Mütze ausschneiden.

Lass uns Zuckerstangen ausschneiden.

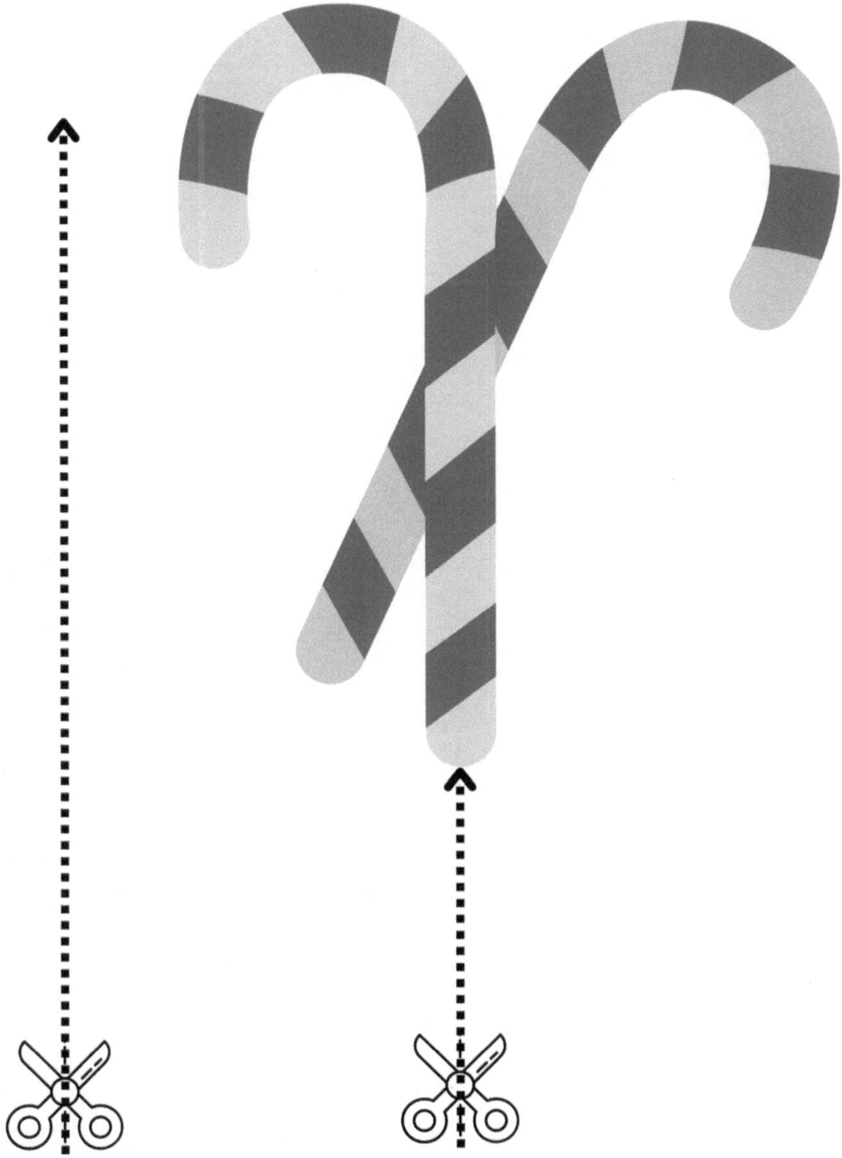

Lass uns den Biber ausschneiden.

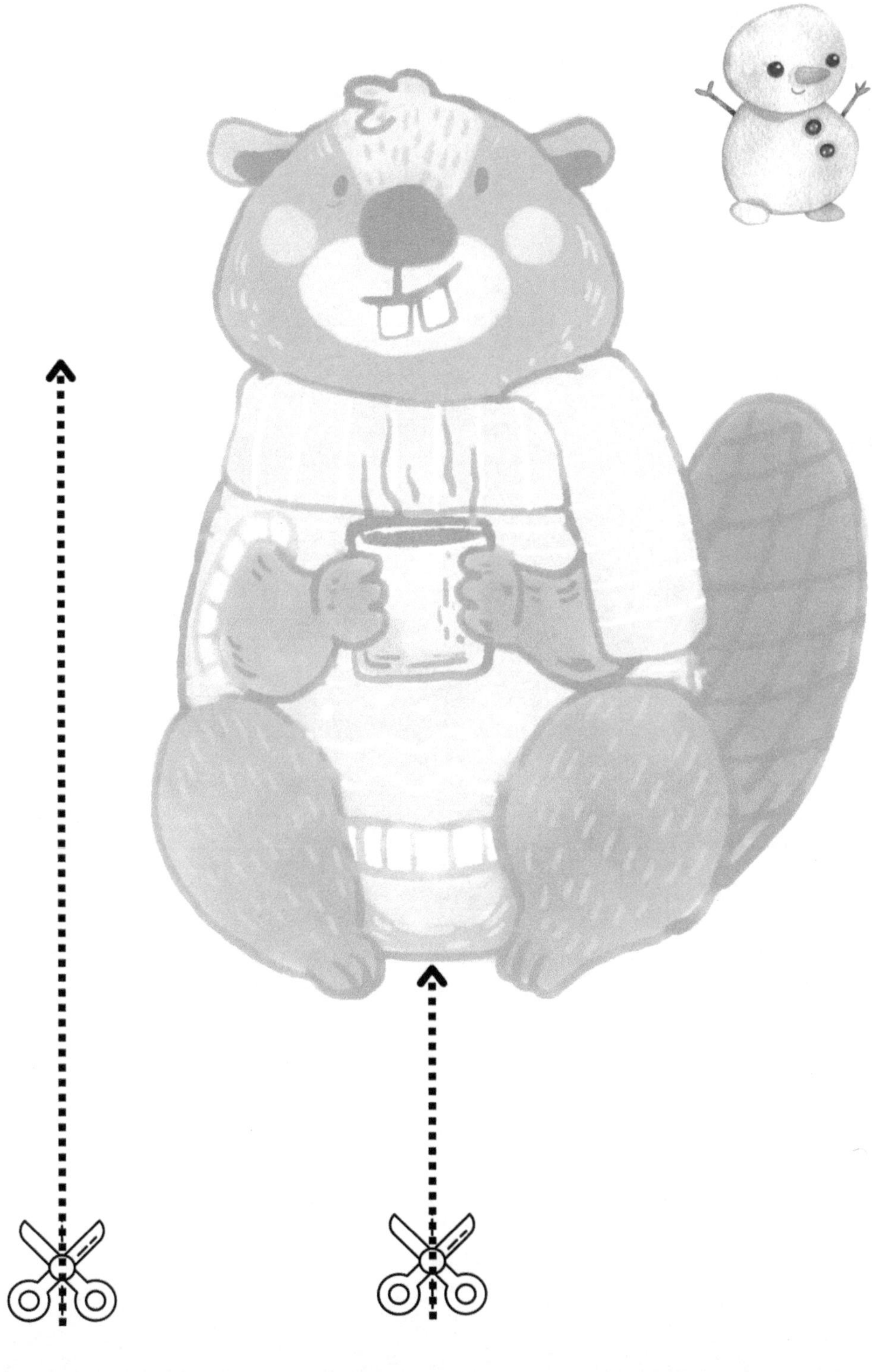

Lass uns den Lebkuchen ausschneiden.

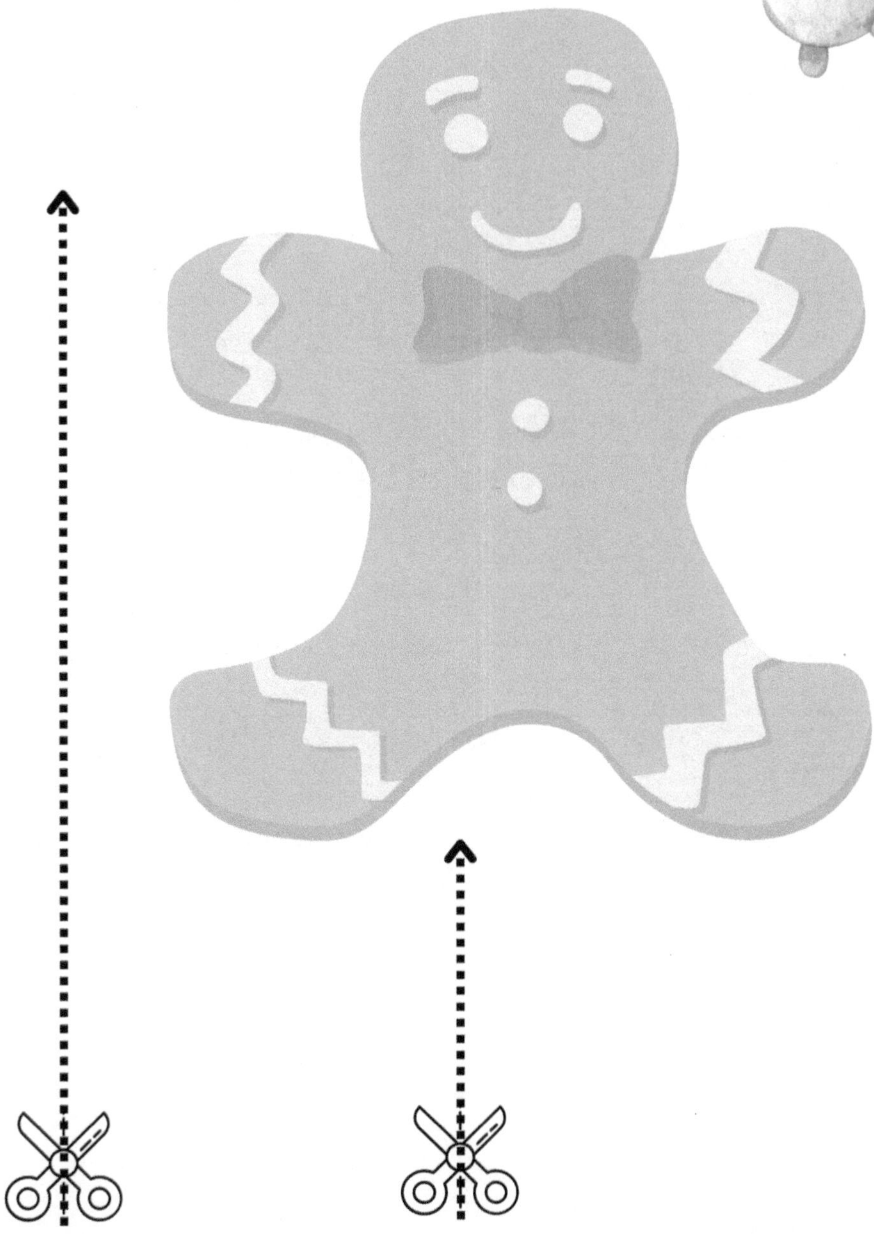

Lass uns den Fuchs ausschneiden.

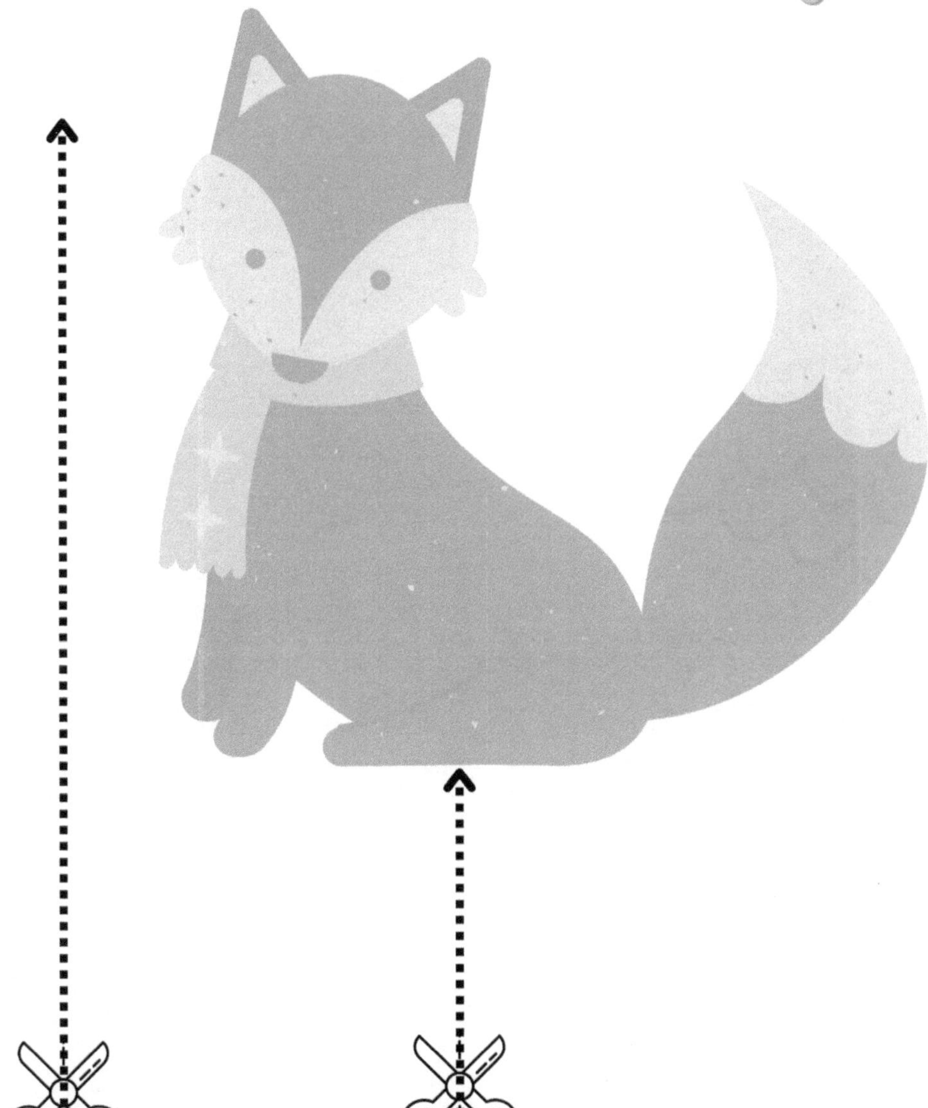

Lass uns den Schneemann ausschneiden.

Lass uns Handschuhe ausschneiden.

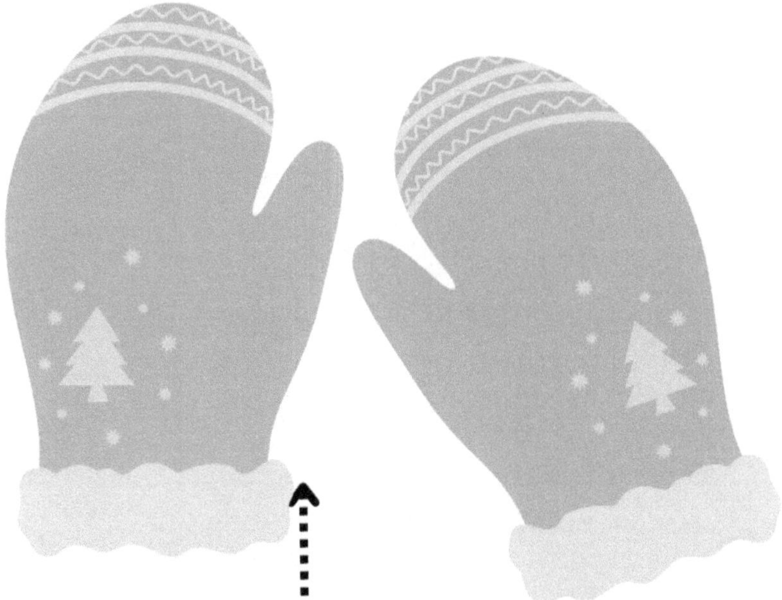

Lass uns die Tasse ausschneiden.

Lass uns die Kugel ausschneiden.

Lass uns den Pullover ausschneiden.

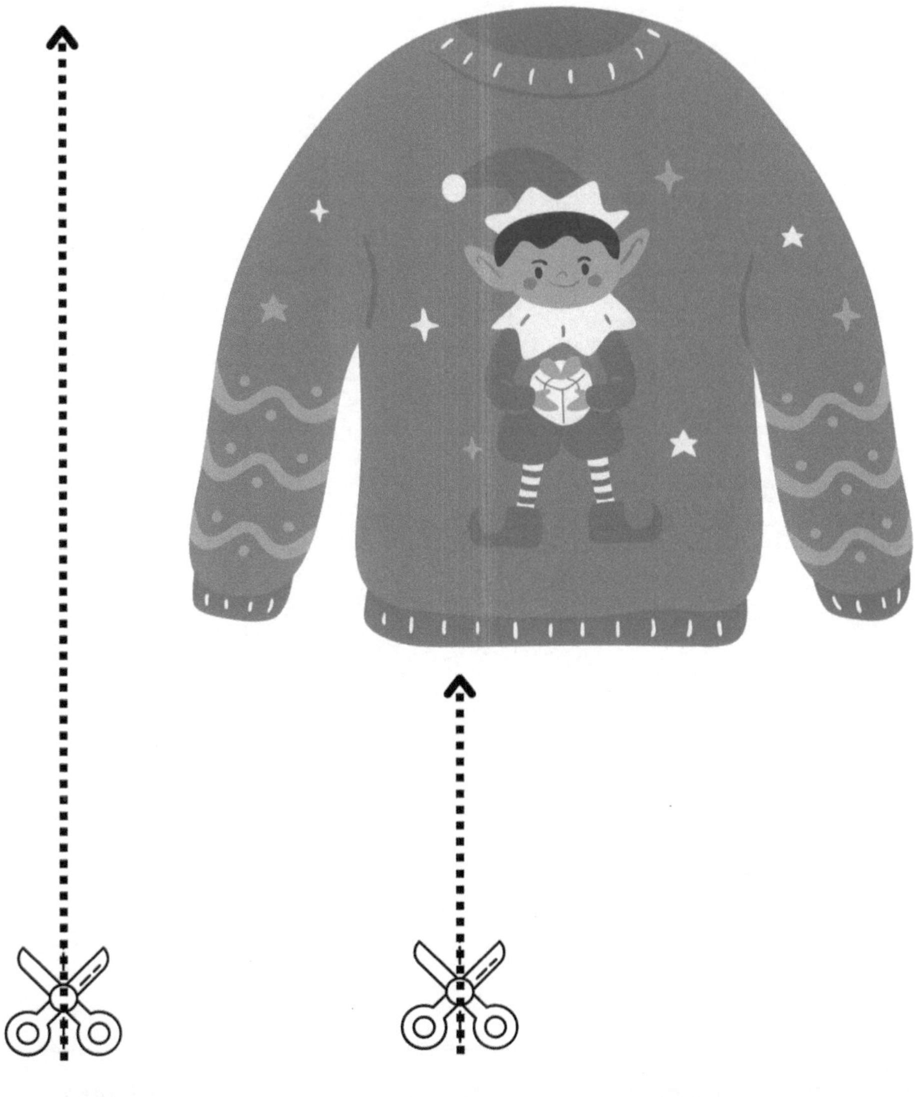

Lass uns den Lebkuchen ausschneiden.

Lass uns die Tasse ausschneiden.

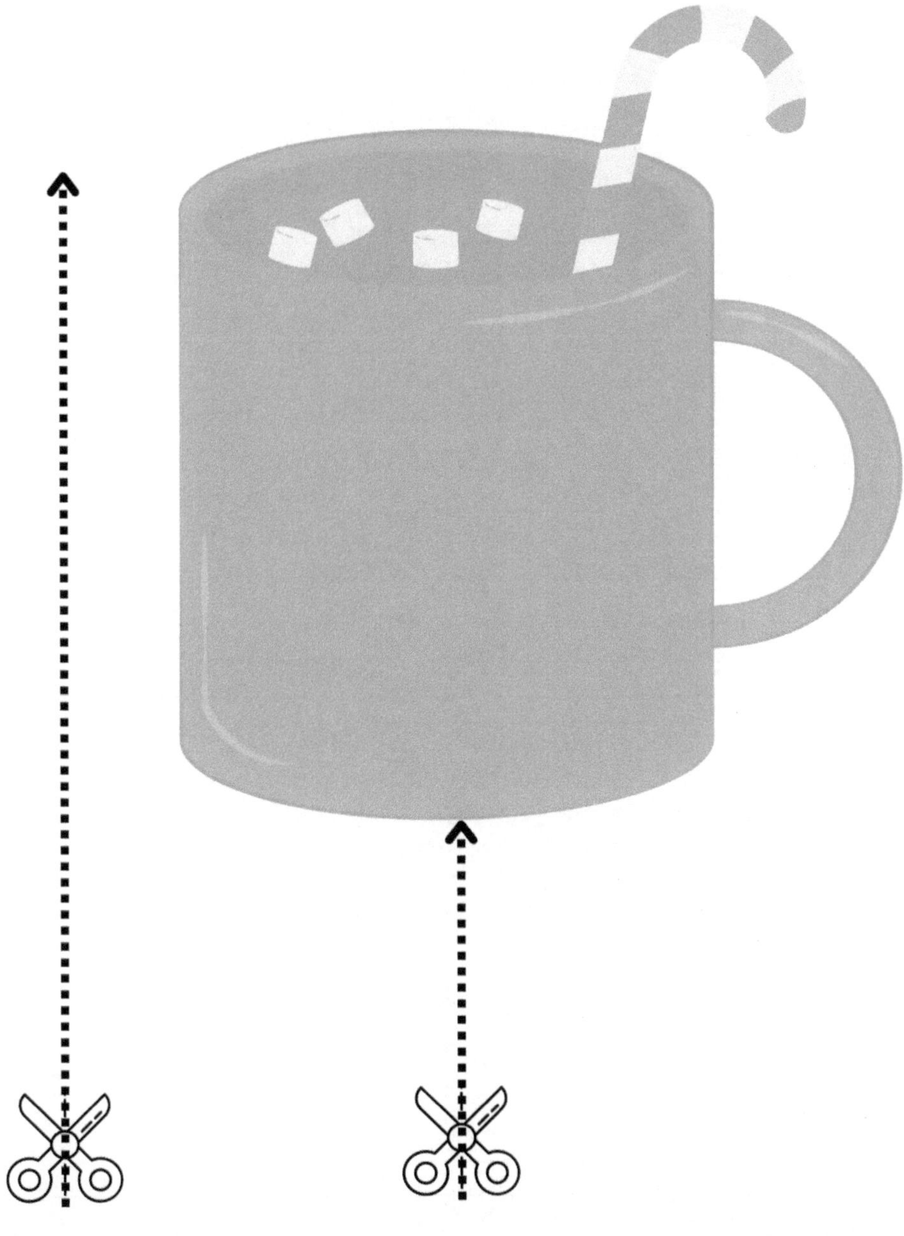

Lass uns den Pinguin ausschneiden.

Lass uns Schlittschuhe ausschneiden.

Lass uns das Schild ausschneiden.

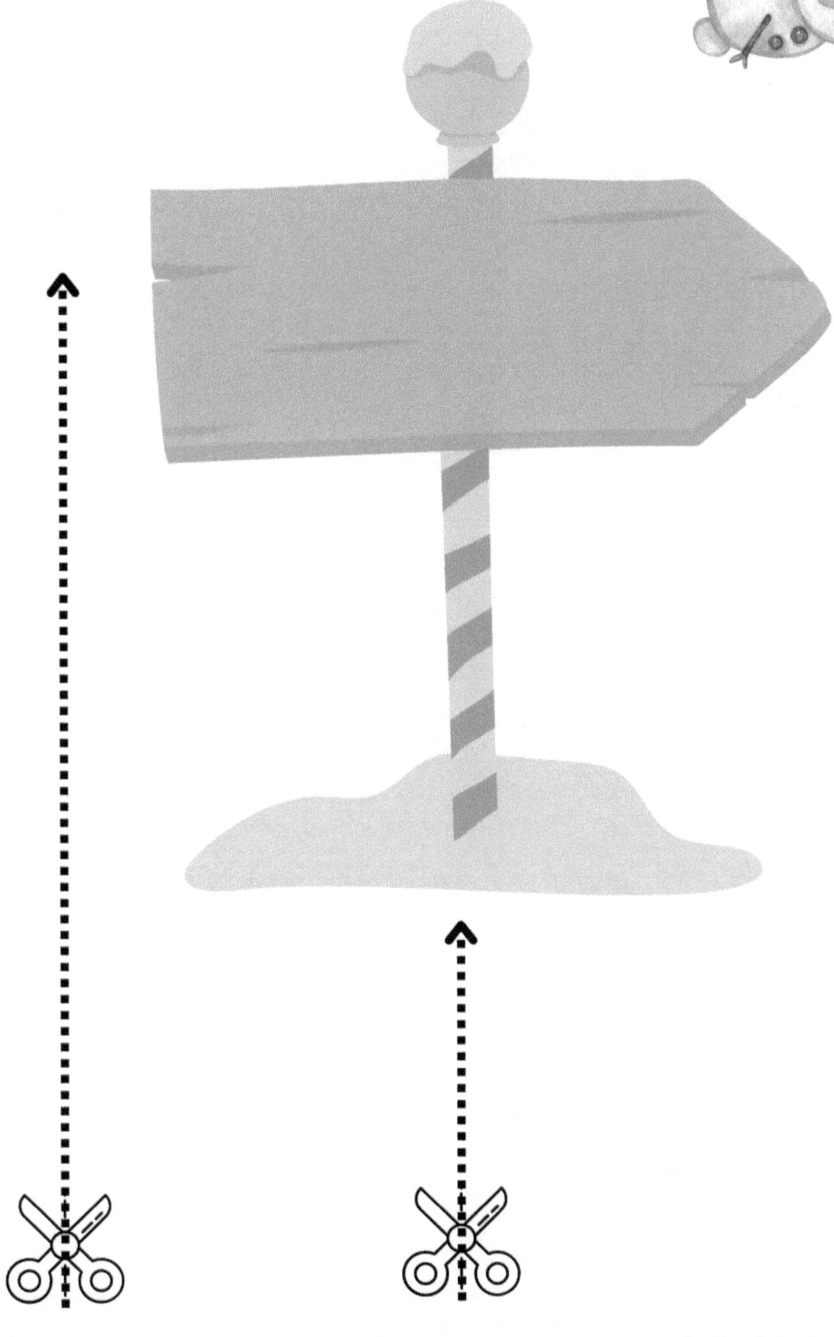

Lass uns die Socken ausschneiden.

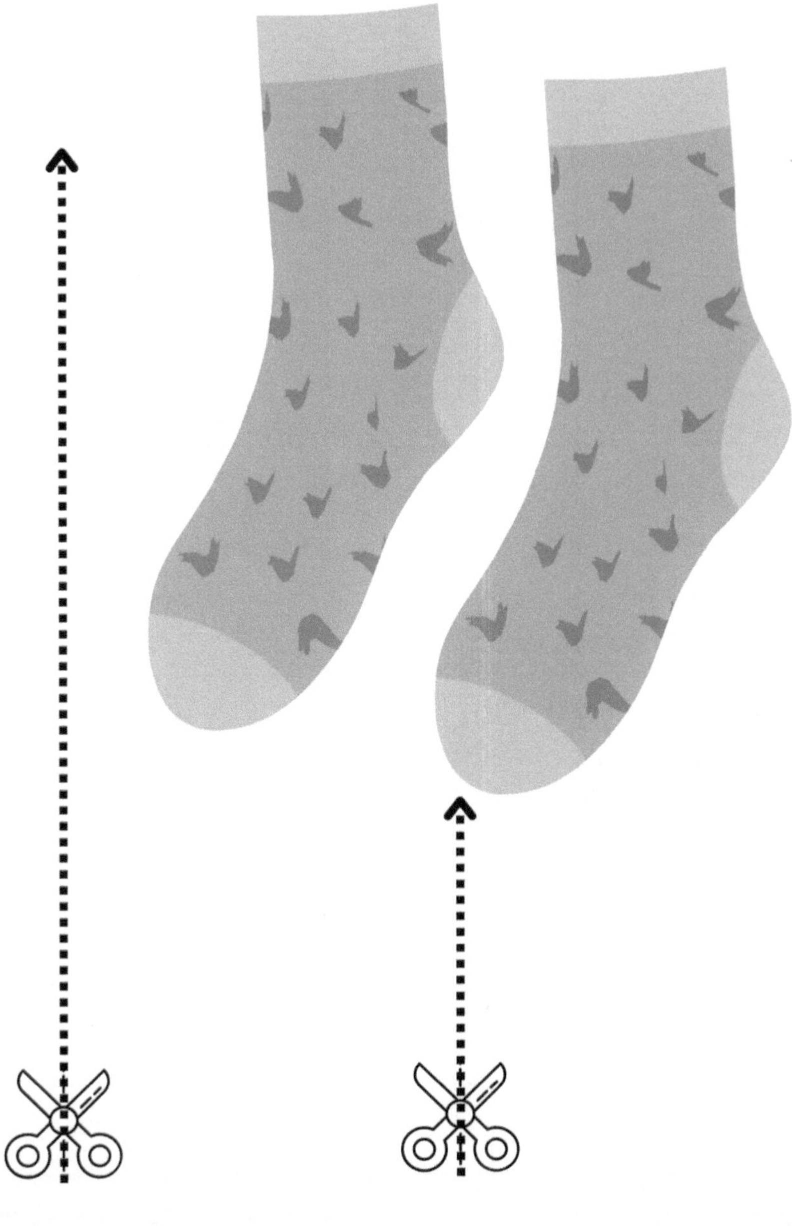

Lass uns die Glocken ausschneiden.

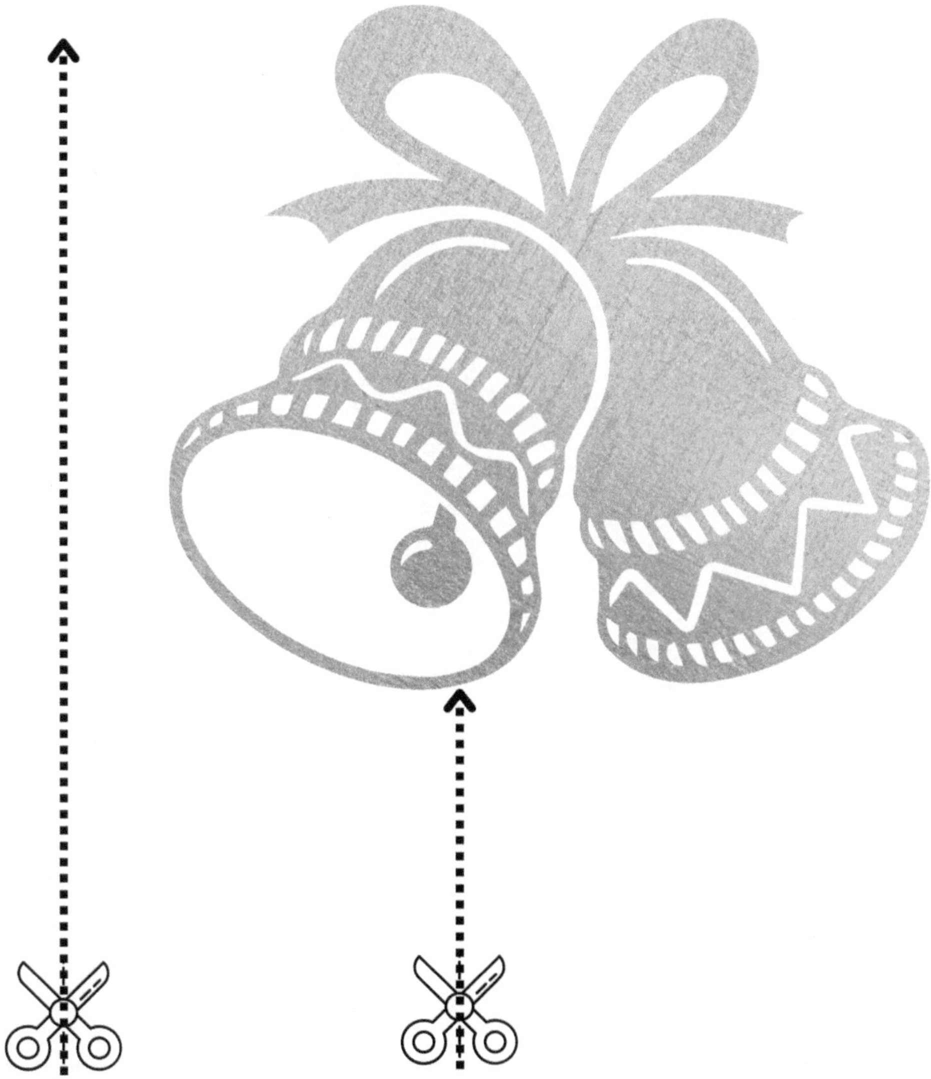

Lass uns den Löwen ausschneiden.

Lass uns die Schildkröte ausschneiden.

Lass uns die Tasse ausschneiden.

Lass uns den Hasen ausschneiden.

Lass uns den Panda ausschneiden.

Lass uns die Jacke ausschneiden.

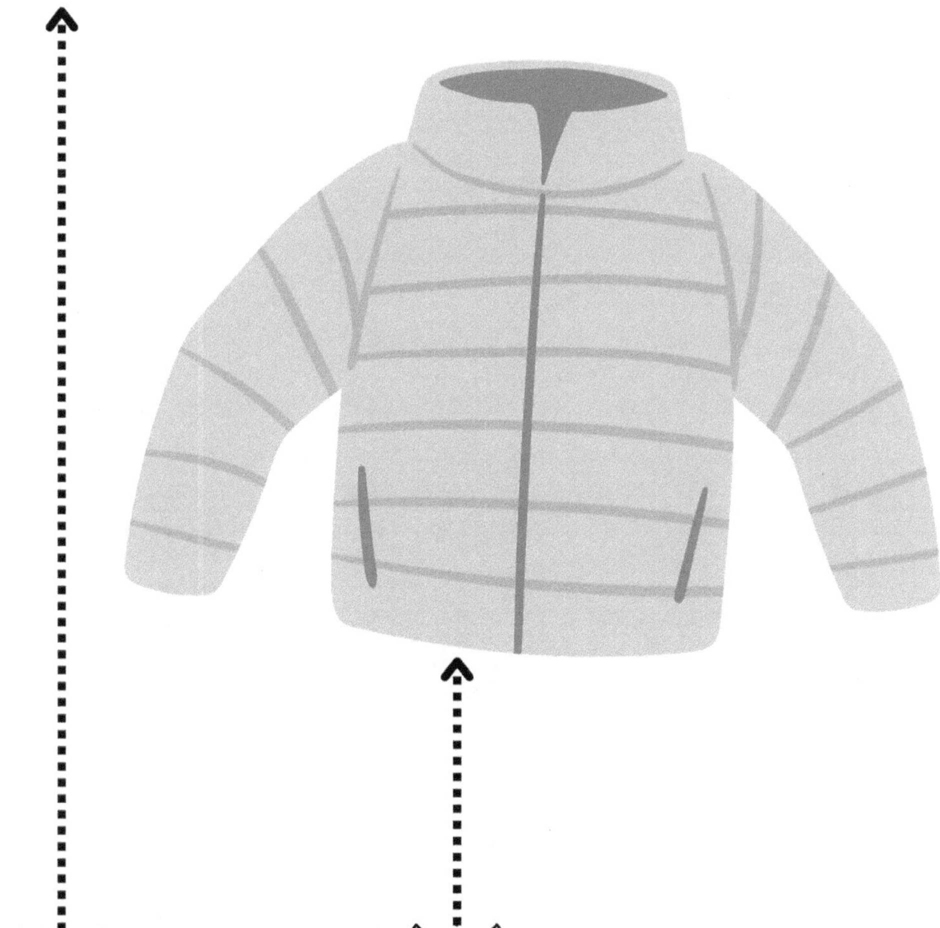

Klebe hier ein Bild ein.

Klebe hier ein Bild ein.

Klebe hier ein Bild ein.

Klebe hier ein Bild ein.

Klebe hier ein Bild ein.

Klebe hier ein Bild ein.

Klebe hier ein Bild ein.

Klebe hier ein Bild ein.

Klebe hier ein Bild ein.

Klebe hier ein Bild ein.

Klebe hier ein Bild ein.

Klebe hier ein Bild ein.

Klebe hier ein Bild ein.

Klebe hier ein Bild ein.

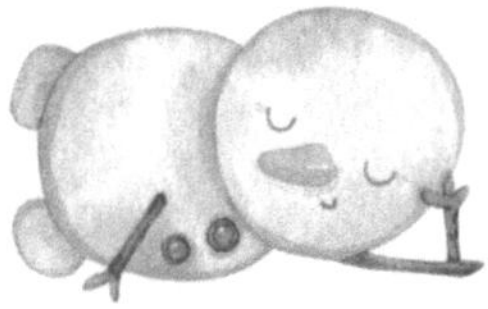

Klebe hier ein Bild ein.

Klebe hier ein Bild ein.

Klebe hier ein Bild ein.

Klebe hier ein Bild ein.

Klebe hier ein Bild ein.

Klebe hier ein Bild ein.

Klebe hier ein Bild ein.

Klebe hier ein Bild ein.

Klebe hier ein Bild ein.

Klebe hier ein Bild ein.

Klebe hier ein Bild ein.

Klebe hier ein Bild ein.

Klebe hier ein Bild ein.

Klebe hier ein Bild ein.

Klebe hier ein Bild ein.

Klebe hier ein Bild ein.

Klebe hier ein Bild ein.

Klebe hier ein Bild ein.

Scherenführerschein

Foto

Name:

____

Datum:

____

Wir hoffen, Ihnen hat das Buch viel Spaß gemacht. Wenn Ihnen das Buch gefallen und geholfen hat, würden wir uns sehr über eine positive Bewertung auf Amazon freuen.

Über diesen QR-Code gelangen Sie direkt zur Rezensionsseite:

Kritik, Feedback, Fragen, Hinweise auf Fehler und Anregungen für die nächste Auflage dieses Buches nehmen wir gerne per Mail entgegen. Unsere E-Mail-Adresse lautet: support@tobias-unger.com.

Impressum:

1. Auflage

Tobias Unger
Am Dorfbach 1
85123 Karlskron

ISBN: 978-3-9825386-2-4

Printed in Poland
by Amazon Fulfillment
Poland Sp. z o.o., Wrocław

28972848R00067